LE PRINCIPE

DE

NON-INTERVENTION

PARIS

IMPRIMERIE DE L. TINTERLIN ET Cᵉ

RUE NEUVE-DES-BONS-ENFANTS, 3,

LE PRINCIPE

DE

NON-INTERVENTION

PARIS

E. DENTU, LIBRAIRE-ÉDITEUR

PALAIS-ROYAL, 13, GALERIE D'ORLÉANS

1860

J'avais écrit les quelques lignes qui suivent, il y a quatre semaines ; certaines considérations en ont arrêté la publication jusqu'aujourd'hui. Depuis que ces empêchements ont cessé d'exister, je m'empresse de soumettre ce projet à l'appréciation de mes lecteurs. Je ne change rien à la rédaction, bien que les journaux anglais que je cite au début de cet article aient cessé de parler d'une nouvelle dont ils avaient été parfaitement bien informés. Quant à mon opinion, celle-ci reste la même, et les événements qui se déroulent en Orient, ainsi que le rapprochement de la Russie et de l'Autriche, n'ont fait que m'y confirmer, de même que la correspondance de Bucharest, publiée hier matin par le *Constitutionnel*, n'altère en rien mon jugement.

l'auteur.

Paris, 15 septembre 1860.

LE PRINCIPE

NON-INTERVENTION

Nous apprenons depuis quelque temps et de diverses sources, qu'un corps de 30,000 Russes vient d'être rassemblé en Bessarabie, et que de nombreuses troupes, en marche vers le Pruth, vont porter l'armée placée sous les ordres du général Luders à un total de 75 à 80,000 hommes. De tout temps chaque mouvement des troupes russes vers la mer Noire et les frontières de la Turquie a vivement occupé l'attention publique; mais aujourd'hui, plus que jamais, on a le droit de s'en émouvoir. Plusieurs journaux, et notamment ceux de Londres, affirment que la Russie, regardant une intervention dans la Turquie d'Europe comme indispensable pour la sécurité de ses populations chrétiennes, veut se charger de cette mission et que les troupes qu'elle assemble en Bessarabie sont destinées à l'effectuer.

La politique traditionnelle de la Russie vis-à-vis de l'Empire ottoman, est suffisamment connue, la manière dont elle s'y prend est dévoilée; précipitée de la justice et de la civilisation, les provinces de la Turquie d'Europe, et principalement celles habitées par les braves et vaillantes populations slaves, sont, depuis longtemps, minées et exploitées sans aucune retenue par la propagande moscovito-panslaviste. Se mêlant ouvertement des affaires de la Turquie, y appelant l'attention générale avec les apparences d'un dévouement héroïque et désintéressé, la Russie travaille à ses intérêts avec une activité infatigable, mais sourde, dans la Serbie, la Bulgarie, la Bosnie et le Monténégro; les populations de ces pays, opprimées par les exactions des employés turcs et du clergé byzantin, peu éclairées sur leur passé, ne sachant juger le présent, ni se tracer une ligne de conduite saine et juste pour l'avenir, privées d'un protectorat visible et palpable, éblouies par la grandeur de la Russie qu'elles ne connaissent pas, illusionnées par des traités récents, prêtent une attention naïve et pardonnable à ses agents, se laissent tromper par la ressemblance de leur idiome, allécher par leurs promesses et les générosités qu'ils répandent dans les églises et les monastères; l'incurie, la vénalité des autorités turques viennent admirablement servir les menées des missionnaires moscovites; c'est la répétition et la suite des leurres répandus par la Russie chez les Grecs durant le dernier siècle et depuis le commencement du nôtre; n'était la patience des habitants, le patriotisme éclairé et sage d'un grand nombre de leurs concitoyens, nous aurions déjà assisté à des événements qui auraient infailliblement abouti à une extension prodigieuse de la Russie, et des nouveaux milliers de ces Slaves dont les ancêtres ne se sont jamais souillés par aucune guerre d'agression ou de conquête anti-nationale, seraient condamnés à marcher à l'asservissement des nations étrangères et à défendre et seconder une politique qui n'a rien de commun avec leurs intérêts et leurs principes traditionnels.

La France l'a compris, et son auguste souverain a, par la paix de 1856, soustrait les provinces de la Turquie au protectorat fallacieux de la Russie et l'a remplacé par des garanties solides; par la Restauration des Principautés roumaines, l'Empereur a indiqué aux populations danubiennes le moyen de sauvegarder leur indépendance et leur dignité, et en avançant les frontières de la Valachie jusqu'aux bouches du Danube, il a élevé un rempart que les armées du czar ne sauraient franchir impunément. Cela n'empêche pas la Russie de continuer ses missions comme par le passé, ses agents parcourent la Serbie, la Bulgarie, la Bosnie ; l'un d'eux a dernièrement fondé aux frais de son pays un journal en langue bulgare à Constantinople, et nous voyons aujourd'hui les troupes moscovites prêtes à intervenir en Turquie.

Nous ne reprochons nullement à la Russie de

travailler à ses intérêts avec un zèle aussi louable que persévérant et sagace ; mais si rien que sa propagande est déjà un danger pour l'avenir des Provinces danubiennes et peut présager en Orient un remaniement territorial peu favorable pour le repos de l'Europe, on a toute raison de croire que le séjour d'une armée russe sur un terrain exploité de longue main pourrait se prolonger au delà de nos vœux, ou qu'une sommation de les retirer serait suivie d'un refus, lequel amènerait un cataclysme épouvantable et tous les malheurs d'une guerre acharnée et sanglante. Les propositions que l'Europe ferait alors, ayant le couteau à la gorge, seraient tardives et ne pourraient pacifier, tandis que des réflexions faites aujourd'hui, qu'il est encore temps, peuvent prévenir un mal autrement inévitable ; et si nous n'avons ni le droit ni la prétention de reprocher à la Russie son activité, qu'il nous soit permis de pourvoir à notre propre tranquillité.

La nécessité d'une intervention dans la Turquie d'Europe est encore dans la sphère des éventualités ; mais supposons qu'après mûr examen, le devoir impérieux de prévenir des massacres, de réprimer l'explosion du fanatisme musulman, la rende réelle, et qu'effectivement la présence de troupes chrétiennes devienne indispensable, nous ne pouvons concevoir pourquoi et comment ce rôle pourrait ou devrait être dévolu aux cohortes russes plutôt qu'à d'autres armées européennes.

La dernière guerre d'Orient avait pour objet d'é-
loigner la Russie d'une ingérence quelconque dans
les affaires de la Turquie ; ce but a été atteint, et
après avoir garanti l'intégrité de l'Empire ottoman,
après s'être prononcé sur les bases d'une protection
collective à accorder en cas de nécessité à ses populations chrétiennes, et après avoir décrit les limites
matérielles et politiques de la Russie de ce côté, le
congrès de Paris a assuré aux Principautés roumaines
une autonomie inviolable, qui leur permet de déve-
lopper d'une manière tout à fait indépendante leurs
institutions et leurs lois nationales, gérer leurs finan-
ces et organiser leurs armées ; de plus, il les a remis
en possession de la Bessarabie, entre la Mer Noire
et les Bouches du Danube. C'est aujourd'hui sur-
tout, depuis que les événements semblent présager
un nouvel épisode dans la question d'Orient, que la
portée de cet arrangement si sage et si bien com-
biné, se présente à l'esprit dans toute sa gravité et
son importance ; mais s'il a coûté tant de sacrifices
en hommes et en argent, le fruit de ces efforts serait condamné à périr aussitôt qu'un seul escadron
de cosaques camperait sur la rive droite du Danube,
et, tout en reconnaissant que l'empereur Alexandre II
serait bien aise de détourner l'attention de ses sujets
des dangers qui menacent l'intérieur de l'Empire,
par une expédition panslaviste si populaire en Russie,

ou tard elles devront en sortir ; et, bien que, dans
dans le cas présent, la première expédition de leurs
soldats soit purement défensive, la mission qu'ils
auront remplie étant noble et généreuse, de retour
dans leurs foyers, ils communiqueront à leurs concitoyens les sentiments dont elle les aura inspirées ;
et une population de cinq millions d'âmes qui, gou-
vernée par un prince noble et sage, prouve par ses
progrès et par l'application aux études de sa brave
jeunesse, qu'elle sait bien employer sa liberté, voyant
que son existence est prise au sérieux, sera à jamais
gagnée à l'Europe civilisée par les liens de la re-
connaissance, des vues identiques et des intérêts.

FIN.